Renate Sültz & Uwe H. Sültz

Mein Fußball

Notizbuch 2024

BoD - Books on Demand

Norderstedt 2018

Bibliografische Information durch die Deutsche Nationalbibliothek

Die Deutsche Nationalbibliothek verzeichnet diese Publikation in der Deutschen Nationalbibliografie; detaillierte bibliografische Daten sind im Internet über http://dnb.dnb.de abrufbar.

Sültz Bücher

Herstellung und Verlag: BoD – Books on Demand, Norderstedt

ISBN 9-78374-8-11232-7